Fiche **philosophe**

Par Dominique Coutant-Defer

Diderot

lePetitPhilosophe.fr

DIDEROT

PHILOSOPHE ET ENCYCLOPÉDISTE FRANÇAIS DU SIÈCLE DES LUMIÈRES

- **Né en 1713 à Langres**
- **Décédé en 1784 à Paris**
- **Quelques-unes de ses œuvres :**
  - *Pensées philosophiques* (1746)
  - *Lettre sur les aveugles à l'usage de ceux qui voient* (1749)
  - *Le Rêve de d'Alembert* (1769)

Denis Diderot est à la fois philosophe, écrivain et homme de sciences. Inspiré par les **théories des philosophes empiristes du XVIIe siècle**, comme par exemple John Locke, il fonde le savoir sur **l'expérience**, par le biais de **la démarche scientifique**. De plus, selon lui, la connaissance doit être accessible à tous : c'est la vocation de l'*Encyclopédie*, à laquelle Diderot participe activement. Sa philosophie est centrée sur **l'homme**, qu'il veut avant tout rendre heureux, rejetant toute idée d'intervention divine dans les destinées humaines.

Diderot incarne **l'esprit des Lumières** par sa curiosité, son esprit critique, son gout de la liberté, son rejet de toute superstition et sa volonté d'étendre le savoir au plus grand nombre. Mais, malgré le souci du philosophe de passer à la postérité, il faudra cependant attendre la fin du XIXe siècle pour que ses œuvres soient appréciées à leur juste valeur.

BIOGRAPHIE

DE LA PRÊTRISE À L'ÉMANCIPATION

Denis Diderot nait à Langres, dans l'Est de la France, en 1713, dans une **famille aisée d'artisans couteliers**. Son père le destinant à la prêtrise (deux de ses frères et sœurs ont d'ailleurs embrassé la carrière ecclésiastique), il suit les cours du **collège jésuite** de Langres **de 1723 à 1728**. Il termine sa formation couvert de prix, faisant la fierté paternelle.

Mais le jeune Diderot est **peu intéressé par l'état de prêtre** et quitte sa famille qui, en réponse, lui coupe les vivres. Il **s'installe à Paris** où il entreprend des **études de droit, de théologie et de philosophie**. Il mène pendant plus de dix ans une **vie de bohème** en exerçant différents petits métiers : précepteur de mathématiques, de musique, clerc de notaire, etc. Parallèlement, il lit énormément et fréquente beaucoup les cafés et les théâtres où il **rencontre de nombreuses personnalités** qui marqueront elles aussi le XVIIIe siècle, notamment Jean-Jacques **Rousseau** (1712-1778), avec qui il se lie d'amitié. Des querelles philosophiques les éloigneront cependant l'un de l'autre par la suite. En 1743, il se marie contre l'avis de son père. Marie-Angélique, seule survivante de ses quatre enfants, deviendra plus tard sa biographe.

Au contact de l'élite intellectuelle de l'époque, ses préoccupations prennent progressivement une tournure littéraire. Diderot **apprend l'anglais** et donne quelques articles au *Mercure de France*.

DES ÉCRITS CONTESTÉS

C'est en **1743** que débute réellement la carrière littéraire de Diderot, par le biais de **traductions d'œuvres anglaises**. Celles-ci sont largement teintées de réflexions personnelles qui montrent son éloignement progressif de la foi chrétienne vers le déisme (croyance en l'existence d'une entité divine hors de toute religion). La première œuvre originale de Diderot, **Les Pensées philosophiques**, parait en **1746** et est condamnée au feu par le Parlement de Paris en raison de ses positions proches du matérialisme. En 1747, Diderot rédige *La Promenade du sceptique* qui restera toutefois inédite jusqu'en 1830.

BON À SAVOIR

Le **matérialisme** est une doctrine selon laquelle la matière constitue la seule réalité existante ou la réalité fondamentale, ou encore une réalité qui serait indépendante de l'esprit et organisée par des lois spécifiques.

La même année, l'apprenti-philosophe prend, avec le mathématicien d'Alembert (1717-1783), la direction de **l'Encyclopédie** *ou Dictionnaire raisonné des sciences, des arts et des métiers*, vaste ouvrage qui se veut **le répertoire de toutes les connaissances de l'époque**, à l'usage de tous. Cette entreprise colossale l'occupera pendant une vingtaine d'années et lui permettra d'approcher tous les domaines du savoir. Les techniques, par exemple, se transmettaient jusqu'alors dans le secret des ateliers. Mais les auteurs de l'*Encyclopédie* pénètrent sur les chantiers et propagent les procédés de fabrication.

Lorsqu'en **1749**, il commet l'imprudence de faire paraitre ***La Lettre sur les aveugles à l'usage de ceux qui voient***, où il affirme ses **positions matérialistes**, les censeurs, qui le surveillaient depuis quelque temps, le font emprisonner au château de Vincennes. Il en sortira rapidement, après avoir écrit une lettre de soumission, ne voulant pas mettre l'*Encyclopédie* en danger. L'ouvrage, dont le projet est critiqué par les autorités, qui ne voient pas d'un bon œil cet acte de confiance dans le progrès de la connaissance, sera toutefois lui aussi interdit de parution de 1751 à 1752 et subira par la suite d'autres condamnations.

UNE PRODUCTION LITTÉRAIRE ET CRITIQUE

Les années suivantes, Diderot mène de front, au prix d'un labeur acharné, la rédaction de nombreux articles de l'*Encyclopédie* et sa **production personnelle, à la fois littéraire et critique**, qui lui vaudra un certain succès. Parmi ses œuvres de l'époque, citons :

- ***Le Fils naturel ou les Épreuves de la vertu*** (1757), une comédie en cinq actes suivie des ***Entretiens sur le Fils naturel***, une réflexion critique sur son propre texte ;
- la pièce ***Le Père de famille*** (1758), suivi par ***De la poésie dramatique***, discours dans lequel l'auteur défend un nouveau genre théâtral : le drame bourgeois ;
- ***Paradoxe sur le comédien***, ouvrage dans lequel il réfléchit au jeu des comédiens et qui ne sera publié qu'en 1830 ;

- les *Salons*, un nouveau genre littéraire inventé par Diderot qui consiste en des critiques d'art. Les *Salons* paraissent tous les deux ans dans la *Correspondance littéraire* de 1759 à 1781.

DE LA NOTORIÉTÉ AU VOYAGE EN RUSSIE

La **notoriété** de Diderot grandit de plus en plus : nommé membre de l'Académie de Berlin en 1750, il intègre ensuite celles de Stockholm et de Saint-Pétersbourg et, en **1761**, **l'impératrice de Russie**, Catherine II (1729-1796), **le charge de constituer pour elle une bibliothèque** dont elle lui laisse la jouissance tant qu'il est en vie, en échange d'une pension bienvenue. Elle l'invite régulièrement à sa cour, mais peu enclin aux voyages et aux mondanités, Diderot diffère sans cesse sa visite, pensant de plus qu'il se mettrait ainsi au service d'un tyran.

Le Rêve de d'Alembert, qui se présente comme un débat sur le matérialisme, parait en **1769**. Diderot y marie de manière originale philosophie et romanesque. C'est dans la même optique qu'il écrit :

- ***Jacques le Fataliste et son maitre***, qui ne paraitra qu'en 1796 ;
- le ***Supplément au voyage de Bougainville***, publié en 1773, dans lequel il joue en outre sur le mélange des genres littéraires ;
- ***Le Neveu de Rameau***, un roman satirique qui ne sera connu qu'à la fin du XIXe siècle.

L'*Encyclopédie* étant achevée en 1772, Diderot se consacre

exclusivement à ses publications personnelles et se résout même à se rendre en Russie. Ses **entretiens avec Catherine II** seront finalement instructifs et consignés par écrit par le philosophe. Pendant son trajet vers la Russie, où il séjourne un an, en **1773**, il s'arrête à La Haye et publiera plus tard *Voyage en Hollande*, synthèse de ses observations et de ses lectures sur ce pays.

Affaibli par ce voyage, Diderot doit, à son retour, ralentir ses activités et sa vie sociale, malgré ses nombreux projets. Il **meurt à Paris en 1784**. Sa tombe, comme toutes celles de l'église Saint-Roch, où Diderot a été inhumé, sera profanée pendant la Révolution. La dépouille du philosophe a donc disparu et il n'a par conséquent pas connu la gloire posthume de ses condisciples Voltaire (1694-1778) ou Rousseau, dont les restes ont été transférés au Panthéon.

déterminer par la raison, les philosophes des Lumières entendent combattre l'obscurantisme, l'intolérance religieuse et l'absolutisme politique.

CONTEXTE PHILOSOPHIQUE

L'ATOMISME ANTIQUE

Diderot adhère à l'atomisme, une conception philosophique selon laquelle **l'univers est uniquement constitué de vide et d'atomes**, particules matérielles indivisibles qui s'assemblent par hasard et de manière purement mécanique.

Les pères de cette théorie sont les Grecs **Leucippe** (vers 460-370 av. J.-C.) et **Démocrite** (vers 460-370 av. J.-C.), pour lesquels la formation du monde et la vie s'expliquent par les mouvements, les collisions et les associations des atomes : les corps naissent des différentes combinaisons atomiques et disparaissent lorsque les atomes se séparent. Par ailleurs, si tout dans l'univers est matière, cela signifie que l'âme est également un agrégat d'atomes qui, à ce titre, se désagrège en même temps que le corps au moment de la mort. Cette théorie atomiste est reprise un siècle plus tard par **Épicure** (341-270 av. J.-C.) qui l'utilise pour proposer une description matérialiste de la réalité, sans référence à une intervention divine.

De même, **pour Diderot, la nature entière se réduit à une seule substance matérielle qui se meut d'elle-même, sans la présence d'un principe divin**. Le philosophe pense en effet que la nature a produit des organismes de plus en plus complexes dont certains survivent tandis que d'autres, inaptes à durer, disparaissent. Ces « ratés » sont pour Diderot la preuve que Dieu n'existe pas, puisque la notion de perfection lui est toujours attachée. Le matérialisme du penseur prend donc racine dans cette conception antique de l'univers.

LES SCIENCES NAISSANTES ET L'EMPIRISME

Le philosophe s'est par ailleurs intéressé de près aux sciences naissantes et à la démarche scientifique. Il emprunte à Francis **Bacon** (1561-1626) son idée de **classification des connaissances**. Selon ce dernier, il importe de dresser un état des connaissances pour en déterminer les parties déficientes, qui sont à compléter, et réorganiser la carte du savoir en tenant compte de l'avancement historique des sciences. Chaque objet de connaissance doit donc être mis à l'épreuve, de manière systématique et ordonnée. La science ne progressera qu'à ce prix, en abandonnant les préjugés et les hypothèses. Dorénavant, l'expérience prime sur la connaissance à priori. En cela, Bacon apparait comme le précurseur de l'empirisme.

> **BON À SAVOIR**
>
> L'**empirisme** est un courant philosophique qui suppose que toute connaissance est essentiellement empirique, c'est-à-dire qu'elle vient de l'expérience. L'empirisme s'oppose au **rationalisme**, qui pose le primat de l'entendement comme structure organisatrice pour l'acquisition du savoir.

Diderot est également inspiré par un autre philosophe empiriste, **John Locke** (1632-1704), pour qui **toutes nos idées**

dérivent de l'expérience sensible, de l'exercice des sens, tout du moins toutes celles qui ont un contenu réel. Cette prise de position aura un retentissement considérable sur le philosophe et sera à l'origine de l'athéisme qu'il affichera par la suite. En effet, qu'en est-il de l'idée de Dieu, dont le sujet n'a jamais fait l'expérience sensible ?

De plus, Diderot étudie de près les travaux du physicien anglais **Isaac Newton** (1642-1727) dont la **méthode expérimentale** le séduit : il s'agit de constater les faits et de s'y tenir, sans forger d'hypothèse à priori sur ce que la physique de son temps ne peut encore résoudre. Plutôt que de se poser la question de savoir, par exemple, pourquoi la Terre tourne de telle manière, il est plus judicieux d'examiner comment elle tourne.

Enfin, Diderot, touche-à-tout, s'intéresse également à la naissance et au progrès de ce qu'on appelle aujourd'hui les sciences de la vie. Contemporain du naturaliste **Buffon** (1707-1788), qui utilise l'outil mathématique pour ses recherches, il admire chez ce dernier **son approche philosophique et rationnelle de la recherche scientifique**. Buffon croit en effet en la raison humaine et au pouvoir de l'entendement, qu'il entend utiliser pour découvrir les lois de la nature, par le biais de l'observation, pour ensuite faire œuvre de vulgarisation. Son *Histoire Naturelle*, publiée à partir de 1749 dans le but de diffuser les connaissances scientifiques, rivalisera d'ailleurs avec l'*Encyclopédie*.

UN PHILOSOPHE MAL CONNU

Avec l'entreprise de l'*Encyclopédie*, Diderot espère qu'il aura au moins servi l'humanité, selon ses propres dires. Mais si Goethe (1749-1832) a pu dire à propos du philosophe que « la plus haute efficacité de l'esprit est d'éveiller l'esprit », Diderot reste méconnu de ses contemporains. Peu enclin à la vie mondaine, il se tient volontairement à l'écart des polémiques de son temps. De plus, après son incarcération à Vincennes, il se montre très prudent vis-à-vis de la censure, reportant la publication de certains de ses textes parfois de plusieurs années pour ne plus prendre de risque, ni en faire courir à sa famille. Une grande part de **son œuvre est donc encore inconnue lorsqu'éclate la Révolution française en 1789**, et, de ce fait, il laisse peut-être moins de traces que Rousseau ou Voltaire, par exemple, dans la genèse de cet évènement.

La révélation de son œuvre se fait progressivement. Ce n'est qu'à la **fin du XVIIIe siècle** que **de nombreux écrits du penseur sont remis au jour**. La censure de certaines de ses œuvres, accusées de porter atteinte à la morale publique, n'aide pas à la redécouverte du reste de sa production, et il est de plus souvent considéré comme un libertin, en raison des nombreuses relations féminines qu'il a entretenues au cours de sa vie (malgré le souci constant de sa famille) et de l'hédonisme (doctrine qui défend la recherche du plaisir) qu'il n'a cessé de prôner. La majeure partie des feuilles manuscrites qu'il a laissées, jalousement conservées par la famille ou par les institutions de Saint-Pétersbourg, n'ont été scientifiquement répertoriées qu'en 1951. Diderot n'était pour beaucoup qu'un encyclopédiste, et il faudra attendre le bicentenaire de sa naissance pour que le public le redécouvre enfin.

PENSÉE ET APPORT

Diderot apparait aux yeux de certains davantage comme un penseur que comme un authentique philosophe. En effet, il n'a donné naissance à aucun système philosophique, et **sa curiosité et son éclectisme** peuvent le faire considérer comme superficiel. Mais on ne peut nier que son désir de savoir, qui a porté sur le plus grand nombre d'objets possible, et que son activité philosophique, se présentant sous des formes très diverses, placent le lecteur face à un **esprit universel**. Sa pensée sonde en effet à la fois la nature animée et inanimée, l'homme, la morale, la vie en société, les productions techniques et artistiques, etc. De plus, elle prend naissance dans un siècle qui connait simultanément de grands progrès et d'importants bouleversements, ce qui n'est pas sans conséquence.

UNE PENSÉE MATÉRIALISTE

Une nature matérielle

Une chose est absolument certaine pour Diderot : **tout est matière**. La matière suffit à expliquer la vie sous toutes ses formes, qu'elles soient minérales, végétales ou animales, l'humain faisant évidemment partie de cette dernière catégorie. Seule la substance matérielle règne, de la pierre jusqu'à l'œuvre d'art elle-même. En somme, la matière est la seule réalité existante, donc l'unique source possible du savoir.

De plus, pour le philosophe, **la matière est douée de sensibilité** : tout dans l'univers est constitué par des molécules de matière qui peuvent sentir. Il suffit que les molécules se trouvent dans des organisations telles que leur sensibilité puisse s'exprimer. Diderot prend l'exemple de la pierre inerte dont la sensibilité, tant qu'elle reste pierre, n'est que potentielle : si on brise une statue et qu'on l'incorpore à la terre qui va nourrir une plante, qui sera ensuite mangée par un animal qu'un homme mangera peut-être à son tour, cela signifie que l'homme assimilera en fin de compte les molécules de la pierre, dont la sensibilité sera ainsi assimilée à celle de l'être humain. Sous forme de pierre ou de chair humaine, ce sont toujours les mêmes molécules d'un bout à l'autre de la chaine. On ne les a pas rendues sensibles, elles l'étaient déjà, mais leur sensibilité était empêchée (citation 1).

L'expérience sensible comme source de connaissance

La sensibilité est le maitre-mot pour Diderot, et c'est d'ailleurs grâce à elle que s'édifie la connaissance. Suivant les théories empiristes, le philosophe affirme que **nous ne connaissons que ce dont nous faisons l'expérience sensible** : toutes nos idées proviennent de sensations physiques. Dans *La Lettre sur les aveugles*, il se pose la question de savoir comment un aveugle-né peut avoir l'idée du beau, s'il n'a jamais eu sous les yeux le spectacle de la nature, ou le sentiment de la pitié, s'il n'a jamais vu la douleur d'autrui. Après avoir interrogé bon nombre de malvoyants, il en déduit que, privés du sens de la vue, ils développent d'autres sens (comme celui du toucher, par exemple) pour appréhender la réalité et s'en forger une connaissance.

C'est donc le corps qui pense et qui produit la connaissance. Celle-ci est par conséquent déterminée par notre constitution physique et notre histoire personnelle. En effet, certains cerveaux fonctionnent plus vite que d'autres. La pensée est une des fonctions du corps parmi d'autres (<u>citation 2</u>).

La méthode à suivre pour atteindre le but que Diderot se donne, à savoir la connaissance de tout ce qui nous entoure, consiste d'après lui à interpréter la nature selon les préceptes des théories empiristes :

- la première étape est **l'observation** ;
- la deuxième **la conjecture**, c'est-à-dire la formulation d'une hypothèse ;
- la dernière **l'expérimentation**.

Il s'agit des **trois passages obligés pour parvenir à la connaissance**. La deuxième étape résulte souvent d'une longue série d'expériences précédemment manquées ou réussies, et c'est à partir de cette dernière que vont pouvoir débuter les nouvelles expérimentations qui valideront ou non la conjecture. Diderot n'est jamais dogmatique : ses réflexions sont présentées comme des essais, des tentatives pour comprendre le monde. Le philosophe garde toujours une certaine humilité, conscient de la tâche immense à accomplir.

Une matière sans finalité

Enfin, selon Diderot, **cette nature uniquement matérielle et sensible ne poursuit aucun but** : la pensée du philosophe peut donc être qualifiée d'« antifinaliste ». En d'autres termes, la nature n'est pas construite ni dirigée selon un projet déterminé, une fin décidée d'avance, comme c'est le cas par exemple dans la pensée chrétienne, qui estime que la nature est conçue par Dieu en vue de la coexistence ordonnée des créatures.

Par ailleurs, le christianisme affirme la supériorité de l'homme sur les autres espèces, selon la volonté divine. Or, d'après Diderot, si nous sommes des créatures pensantes, possédant un cerveau, c'est uniquement parce que, **au hasard des différentes productions de la matière, il s'est trouvé une formation animale dotée d'un cerveau** tel qu'il a permis l'émergence de la pensée.

Les créations de la nature, l'homme y compris, n'ont d'autre but que de se conserver et de se perpétuer, au détriment des créations non viables qui disparaissent. L'homme ne possède pas de prérogative différente de celles des autres formations matérielles, qu'elles soient végétales ou minérales.

DIDEROT, UN ATHÉE CONVAINCU

Une nature sans Dieu

Diderot nie donc la conception chrétienne de la nature qui y voit le résultat organisé de la volonté divine, que les fidèles ne peuvent qu'approuver, la perfection étant un des attributs divins. Selon le philosophe, d'une manière globale, **les théories chrétiennes n'ont pour but que de fournir une vision imaginaire et illusoire** qui apaise et console des aléas du monde et de la nature humaine. De plus, cette conception figée n'explique rien et entre donc en contradiction avec le projet de Diderot qui est de fonder une connaissance dynamique de la nature par l'observation et l'expérimentation.

D'une position déiste à ses débuts, qui admettait tout de même un principe divin sans référence toutefois à une religion particulière, Diderot évolue vers un **athéisme radical** : qu'elle soit végétale, minérale ou humaine, **la nature ne peut s'expliquer par une intervention divine et nous ne pouvons admettre pour vrai que ce que nous pouvons expérimenter par les sens**. Dieu étant exclu de ce champ d'investigation, rien ne prouve qu'il existe (citation 3).

BON À SAVOIR

L'**athéisme** est une doctrine qui nie l'existence de Dieu. Cette position philosophique ne se confond ni avec l'agnosticisme, qui est le refus de prendre parti dans les débats métaphysiques, ni avec le panthéisme, qui implique que Dieu existe partout dans l'univers et se confond avec lui.

Un corps sans âme

D'autre part, la théologie chrétienne pose que l'homme est composé de deux substances :

- un corps, substance matérielle,
- et une âme, substance spirituelle.

Le premier serait inerte et déterminé par des causes, tandis que la seconde serait active, libre et mettrait en branle les mouvements du corps, qui lui obéirait passivement. Diderot, suivant en cela la tradition matérialiste, avance pour sa part que l'union du corps et de l'âme est tout simplement incompréhensible. Comment quelque chose dont nous n'avons pas la moindre sensation physique, à savoir l'âme, pourrait-elle avoir un tel pouvoir sur le corps ? À l'instar de l'idée de Dieu, l'idée d'âme étant vide de tout correspondant dans la réalité, puisque nous ne pouvons en faire l'expérience sensible, elle n'existe que dans notre imagination. Encore une fois, le philosophe affirme que la matière seule explique la vie sous toutes ses formes : c'est le corps qui commande au corps. Il faut donc s'attacher à comprendre comment le corps, cette organisation spécifique de matière, explique les actions, les sentiments et les productions de l'homme.

UNE MORALE HUMANISTE

Les fondements de la morale

Suivant la tradition humaniste, Diderot place l'homme au centre de ses préoccupations philosophiques. Il entend, puisqu'il nie l'existence de Dieu qu'il considère comme illusoire, **recentrer la morale sur l'homme lui-même : celui-ci devient la mesure de toutes choses**. La morale chrétienne est en effet fondée sur l'idée de perfection, calquée sur la perfection divine, vers laquelle il faut tendre pendant la vie terrestre par une certaine abnégation, dans le but de gagner la vie éternelle après la mort. L'obéissance à des préceptes guide le chrétien dans cette voie.

La notion d'au-delà et de transcendance est absente de la pensée de Diderot. Dès lors, la morale ne consiste pas, à ses yeux, à bien se comporter ici-bas en échange de l'immortalité. Il propose alors une morale universelle, indépendante de toute religion, fondée sur la raison et sur les sentiments naturels de l'homme.

Diderot est toutefois conscient que **l'égoïsme est premier chez l'homme**. Chaque individu cherche naturellement à éviter la douleur et vise son propre plaisir. Mais il faut admettre qu'il y a aussi du plaisir à secourir un malheureux ou à éduquer ses enfants. Il s'agit alors de mettre en avant et de valoriser les dispositions positives présentes dans l'homme. C'est **l'organisation sociale qui se chargera, par les lois, de réguler les comportements individuels, de favoriser les pratiques altruistes et de subordonner les intérêts privés à l'intérêt général**. Plus précisément, le philosophe prône de régler les comportements individuels sur le bien commun. L'énergie dépensée dans le crime et la cruauté peut alors se mettre au service de la vertu, afin que l'amour-propre s'élève à l'intérêt de la communauté.

Bonheur et morale

Selon Diderot, **le bonheur est la finalité de toute existence humaine**. Autrement dit, le devoir de l'homme est de se rendre heureux. Mais, conformément aux morales antiques et humanistes, **le philosophe ne présente pas la recherche du bonheur comme une entreprise individuelle** : selon lui, le bonheur individuel passe par le bonheur de l'autre (<u>citation 4</u>). Il lie ainsi bonheur et morale. En d'autres termes, bonheur et vertu morale se trouvent réconciliés.

Toutefois, pour Diderot, **la morale** n'est pas absolue ni figée :

- elle **dépend aussi de notre physiologie**. Par exemple, dans un monde d'aveugles, le vol serait puni moins sévèrement ;
- de plus, elle dépend **des particularités de chaque nation** et du tempérament spécifique à chaque culture.

Ni innée, ni fondée en Dieu, ni donnée une fois pour toutes, la morale est en fait conquise par la société qui utilise les lois de la nature pour promouvoir le progrès moral.

Un régime politique contractuel

Parallèlement à son projet moral et social, Diderot s'intéresse aussi à la politique. S'il n'a pas écrit de traité politique, contrairement à ses contemporains Montesquieu (1689-1755) ou Rousseau, et s'il s'est toujours tenu à l'écart des querelles politiques de son temps, il n'empêche que sa grande curiosité intellectuelle l'amène à proposer nombre de réflexions éparses à ce sujet.

Esprit des Lumières, sa ligne de conduite en matière de gouvernement est **le rejet du despotisme et de la monarchie absolue** (citation 5). Même la figure du despote éclairé représentée par Catherine II de Russie ne trouve pas grâce à ses yeux. Pour lui, il ne saurait exister de bon despote. Il faut, selon Diderot, secouer le joug de la tradition, c'est-à-dire remettre en question les régimes politiques passéistes qui ne s'appuient que sur l'héritage de leurs prédécesseurs, sans souci de progrès ou de changement. Il juge très sévèrement le corps des parlementaires français de son époque dont il critique le caractère arbitraire, l'intolérance, la soumission aux dogmes religieux et aux grands du monde, ainsi que la haine de la pensée philosophique.

Selon Diderot, **aucun pouvoir n'est légitime s'il ne provient pas de l'abandon librement consenti d'une partie de leur liberté par les hommes**. Le seul pouvoir politique acceptable à ses yeux est celui qui serait légitimé par le respect d'un contrat passé avec le peuple. Diderot vise donc une représentation légitime de la nation, qui donnerait son consentement ou non aux décisions du monarque et, par conséquent, limiterait son arbitraire, prenant en cela pour modèle la monarchie constitutionnelle anglaise.

BON À SAVOIR

Le **despotisme** est une forme de gouvernement où l'autorité est exercée par un individu qui règne avec un pouvoir absolu et souvent de manière abusive au regard de la loi. La **monarchie absolue** est quant à elle un type de régime politique dans lequel le souverain concentre

entre ses mains tous les pouvoirs et gouverne sans aucun contrôle extérieur. Ce type de gouvernement était par exemple celui de la France sous l'Ancien Régime, avant la Révolution.

ÉDUCATION, PROGRÈS ET SAVOIR

Le projet éducatif de Diderot

Pour former les futurs citoyens de l'État nouveau qu'il préconise, il importe pour Diderot de réfléchir à la question de l'éducation. En effet, selon lui, **progrès social et éducation sont intimement liés**. Il est fidèle en cela aux grandes théories de son siècle.

Pour combattre l'intolérance et les préjugés et faire triompher la raison, seule garante selon lui du progrès de l'humanité, il faut mettre **le savoir à la portée du plus grand nombre**. L'éducation doit donc s'étendre à tous, et être laïque, publique et gratuite. Diderot l'envisage **dès le plus jeune âge** (en mêlant jeu et apprentissage) et ce **même pour les filles**. Il se chargera d'ailleurs lui-même de l'éducation de sa fille en bas âge, fait rarissime pour l'époque, ainsi que de l'instruction de la fille de Catherine II de Russie, et mettra même au point un projet d'université pour la souveraine. Il n'est pas exclu que les idées de Diderot en matière d'organisation des études aient influencé la réforme napoléonienne dans ce domaine.

L'aventure de l'*Encyclopédie*

Ce gigantesque ouvrage, emblématique du mouvement des Lumières, considéré comme sa « machine de guerre », a lui-même une **vocation pédagogique** (citation 6). Il est fondé sur la conviction que, si les hommes apprennent, ils progresseront et que la société pourra alors être dite « éclairée ».

Pour Diderot et les auteurs de l'*Encyclopédie*, il convient donc d'offrir aux lecteurs **le plus large éventail de connais-sances possible**. L'ouvrage achevé comprend ainsi dix-sept volumes. Un tel bilan global des connaissances n'avait encore jamais été établi auparavant. Pour la première fois, les détenteurs d'un savoir purement technique et les philosophes sont mis sur un pied d'égalité. La hiérarchie traditionnelle des connaissances est subvertie et la tech-nique est promue au rang de savoir. De plus, l'acquisition de la connaissance est désormais plus directe : elle n'est plus transmise uniquement par les maitres, qui se trouvent en partie dépossédés de leur pouvoir.

D'autre part, l'ouvrage est fidèle à la conviction de Diderot pour qui le bonheur est le but ultime de l'humanité. En effet, **les savoirs qui y sont exposés en priorité sont ceux qui sont utiles aux hommes**. Le début de l'*Encyclopédie* donne d'ailleurs à voir un arbre des connaissances qui propose d'or ganiser les savoirs selon la manière dont l'homme les pro-duit, en fonction des différentes facultés de l'esprit humain : la mémoire, la raison et l'imagination. Les connaissances humaines ne sont donc pas classées en fonction de l'objet dont elles traitent, mais selon la faculté humaine qui saisit cet objet. L'homme est ainsi placé au centre de l'œuvre. Il est celui qui produit le savoir, mais aussi celui vers lequel tout savoir doit être dirigé.

UNE RÉFLEXION SUR L'ESTHÉTIQUE

En plus de ses questionnements au sujet de la connaissance, de l'homme, de la morale ou de l'éducation, la grande curiosité intellectuelle de Diderot le pousse également à explorer le champ de l'esthétique. Il a en effet doublé son activité de philosophe d'une abondante production artistique, consistant essentiellement en romans et en pièces de théâtre. De plus, son activité de critique d'art l'a conduit à émettre divers points de vue novateurs sur l'art.

Diderot conserve **la thèse traditionnelle d'un art imitant la nature**. Selon lui, l'artiste de génie est celui qui est capable d'imiter la nature à la fois physique et humaine, tout en en révélant par le biais de l'art la vérité. Toutefois, il ne peut qu'imiter des apparences. En effet, il existerait selon Diderot un Beau en soi (comme le pensait déjà Platon, vers 427-347 av. J.-C.) dont la réalité ne fournirait que des approximations qui sont de plus soumises à la variété des sensibilités individuelles. Il faut donc présupposer un modèle idéal, dont l'artiste ne peut s'approcher que par l'observation de la nature et la fréquentation des grandes œuvres.

Par ailleurs, **l'artiste doit veiller à garder le contrôle sur sa sensibilité**. Exécuter une œuvre suppose une grande maitrise, acquise par le travail et par les gestes sans cesse recommencés. Ainsi, le comédien, par exemple, ne doit pas se laisser aller aux émotions qu'il est censé éprouver en jouant un personnage. Il doit suivre sa raison, garder la tête froide en montant sur scène et n'être plus alors que l'exécutant d'un rôle créé et perfectionné pendant les répétitions (citation 7).

En somme, la fréquentation du beau ou la création artistique ne procurent pas, aux yeux de Diderot, un plaisir spontané, mais un plaisir réfléchi dans l'imitation et lentement façonné par les gestes techniques. La pensée esthétique du philosophe est conforme en cela à sa réflexion toujours rationnelle et mesurée.

EN RÉSUMÉ

Diderot est avant tout un philosophe matérialiste : à ses yeux, **tout est matière**. Celle-ci constitue l'unique réalité existante et est douée de sensibilité. Il s'agit là d'un maitre-mot pour Diderot, car c'est grâce à la sensibilité que s'édifie la connaissance : **nous ne connaissons que ce dont nous faisons l'expérience sensible**.

Le philosophe estime par ailleurs que la matière ne poursuit aucune finalité, et s'oppose en cela à la conception chrétienne. Il défend un athéisme radical : **la nature ne peut s'expliquer par une intervention divine et nous ne pouvons admettre pour vrai que ce que nous expérimentons par les sens**. Ainsi, l'idée de Dieu n'existe que dans notre imagination, de même que l'idée d'âme.

Diderot s'est également intéressé à la morale : l'organisation sociale doit, par le biais des lois, réguler les comportements individuels, favoriser les attitudes altruistes et subordonner les intérêts privés à l'intérêt général. Le bonheur est selon le penseur le but de toute existence humaine, mais il ne s'agit pas d'une entreprise individuelle : le bonheur personnel passe par le bonheur d'autrui. Ainsi, **bonheur et morale sont intimement liés**.

En matière de politique, Diderot **rejette le despotisme et la monarchie absolue** : il prône l'abandon de ces régimes passéistes et le progrès social, qui est selon lui lié à l'éducation. C'est pourquoi il s'est montré soucieux de **mettre le savoir à la portée du plus grand nombre**.

Enfin, il a également proposé une **réflexion sur l'esthétique**. S'il conserve la thèse traditionnelle d'un art imitant
la nature, il se montre novateur en expliquant que l'artiste
doit garder le contrôle sur sa sensibilité.

POUR ALLER PLUS LOIN

- AUDIDIÈRE (Sophie), « Diderot philosophe », in *Recherches sur Diderot et l'Encyclopédie*, mis en ligne le 28/11/2006, http://rde.revues.org1265, consulté le 10/10/2013.
- DIDEROT (Denis) et D'ALEMBERT (Jean), *L'Encyclopédie. Anthologie des 50 articles principaux*, Paris, Mille et Une Nuits, 2013.
- DIDEROT (Denis), *Le Rêve de d'Alembert*, Paris, GF-Flammarion, 2003.
- DIDEROT (Denis), *Œuvres complètes*, Paris, Éditions Assézat, 2009.
- DIDEROT (Denis), *Paradoxe sur le comédien précédé des Entretiens sur le Fils Naturel*, Paris, Garnier Flammarion, 1981.
- DIDEROT (Denis), *Pensées philosophiques*, Paris, GF-Flammarion, 2013.
- MÉDINA (José) *et ali*, *La Philosophie comme débat entre les textes*, Paris, Magnard, 1988.
- RIGLET (Marc), « Diderot, philosophe du plaisir », in *L'Express*, mis en ligne le 02/05/2013, http://www.lexpress.fr/culture/livre/litterature-francaise/diderot-philosophe-du-plaisir-1244124.html?xt1nc=diderot_philosophe_du_plaisir&xter=1, consulté le 10/10/2013.

TESTEZ VOS CONNAISSANCES !

ASSOCIEZ CHAQUE CITATION À L'EXPLICATION QUI LUI CORRESPOND

Citation 1 : « Ne convenez-vous pas que tout tient en nature, et qu'il est impossible qu'il y ait un vide dans la chaine ? Que voulez-vous donc dire avec vos individus ? » (Le Rêve de d'Alembert, in *Œuvres complètes*, Paris, Éditions Assézat, 2009)

Citation 2 : « Lorsque nous sommes malades, notre pensée est brouillée en même temps que notre estomac. Bonne ou mauvaise santé fait notre philosophie. » (Lettre à Vialet, in *Œuvres complètes*, Paris, Éditions Assézat, 2009)

Citation 3 : « J'avoue qu'un être qui existe quelque part et qui ne correspond à aucun point de l'espace [...] qui diffère essentiellement de la matière et qui lui est uni [...] un être dont je n'ai pas la moindre idée, est difficile à admettre. » (Le Rêve de d'Alembert, in *Œuvres complètes*, Paris, Éditions Assézat, 2009)

Citation 4 : « Toute l'économie de la société humaine est appuyée sur ce principe général et simple : je veux être heureux, mais je vis avec des hommes qui comme moi veulent être heureux [...]. Cherchons le moyen de procurer notre bonheur en procurant le leur. » (Article « Philosophe » de l'Encyclopédie, in *L'Encyclopédie. Anthologie des 50 articles principaux*, Paris, Mille et Une Nuits, 2013)

Citation 5 : « La nature n'a fait ni serviteurs ni maitres. Aucun homme n'a reçu de la nature le droit de commander aux autres. » (Article « Autorité politique » de l'Encyclopédie, in *L'Encyclopédie. Anthologie des 50 articles principaux*, Paris, Mille et Une Nuits, 2013)

Citation 6 : « Le but d'une encyclopédie est de rassembler les connaissances éparses à la surface de la Terre ; d'en exposer le système général aux hommes avec qui nous vivons, et de les transmettre aux hommes qui viendront après nous. » (Article « Encyclopédie » de l'Encyclopédie, in *L'Encyclopédie. Anthologie des 50 articles principaux*, Paris, Mille et Une Nuits, 2013)

Citation 7 : « C'est l'extrême sensibilité qui fait les acteurs médiocres ; c'est la sensibilité médiocre qui fait la multitude des mauvais acteurs ; et c'est le manque absolu de sensibilité qui prépare les acteurs sublimes. » (*Paradoxe sur le comédien* précédé des *Entretiens sur le Fils Naturel*, Paris, Garnier Flammarion, 1981, p. 133)

Explication a : le régime politique du despotisme n'obéit pas aux lois de la nature.

Explication b : c'est le corps qui pense, autrement dit la pensée est une fonction du corps parmi d'autres.

Explication c : on ne peut connaitre que ce dont on a une perception sensible ; par conséquent, il est difficile d'admettre l'idée de Dieu.

Explication d : tous les êtres font partie du même tout et subissent les mêmes lois.

Explication e : tout est matière ; celle-ci est la seule réalité existante, donc l'unique source du savoir.

Explication f : le bonheur individuel et la morale sont intimement liés parce que le bonheur individuel passe par le bonheur d'autrui.

Explication g : il s'agit de recenser systématiquement le savoir universel et de le transmettre aux générations futures.

Explication h : les créations de la nature, l'homme y compris, n'ont d'autre but que de se conserver et de se perpétuer.

Explication i : le bon comédien doit pouvoir contrôler sa sensibilité et ne pas se laisser aller aux émotions.

Explication j : l'organisation sociale a pour but de réguler les comportements individuels, de favoriser les attitudes altruistes et de subordonner les intérêts privés à l'intérêt général.

Rendez-vous sur lepetitphilosophe.fr et découvrez :

Plus de 1200 analyses
Claires et synthétiques
Téléchargeables en 30 secondes
À imprimer chez soi

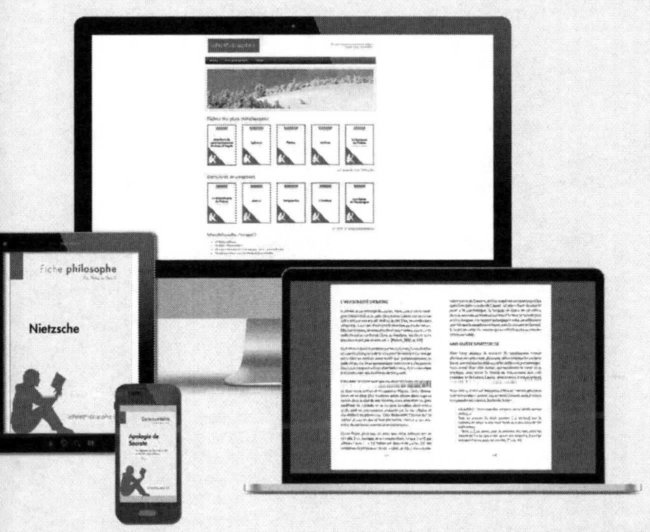

ISBN version numérique : 978-2-8062-4935-7
ISBN version papier : 978-2-8080-0151-9
Dépôt légal : D/2017/12603/535

Conception numérique : Primento,
le partenaire numérique des éditeurs.

Made in the USA
Monee, IL
07 July 2026

56545394R00022